नई राहों पर

श्यामा सिंह

स्वर्ण जयन्ती

स्वर्ण जयन्ती

मण्डोली रोड सेवाधाम, निकट पानी की टंकी नं.-4
दिल्ली
द्वारा प्रकाशित
एवं
ओम ऑफसेट, दिल्ली-110093
द्वारा मुद्रित
ISBN : 978-93-5000-815-7

प्रथम संस्करण

मूल्य : ₹125

NAI RAHON PAR
by Shyama Singh

प्राक्कथन

यूँ तो साहित्यकार की परिभाषा अनेक साहित्यकारों/विद्वानों ने दी है। लेकिन साहित्यकार की सर्वमान्य परिभाषा कोई हो नहीं सकती लेकिन हमारे विचार में सच्चा साहित्यकार वही है जिसका दृष्टिकोण मानवीय हो, विचार तार्किक, मौलिक एवं सार्वभौमिक हों। मेरा हिन्दी के नवोदित साहित्यकारों से लेकर स्थापित शीर्षस्थ साहित्यकारों के साथ सम्पर्क रहा है। लेकिन मुझे आज तक उँगलियों पर गिने जाने वाले कुछ ही साहित्यकार मिले हैं जो जैसा लिखते हैं वैसा दिखते भी हों, बहुत से साहित्यकार बड़ा आदर्शवादी लिखते हैं लेकिन जब व्यवहार की बात करते हैं तो उनमें जाति, धर्म, प्रान्त व भाषा के संस्कार जी उठते हैं। ज्यादातर साहित्यकार दोगली मानसिकता के हैं। बहुत से साहित्यकारों ने अपने नाम के आगे साहित्यिक उप नाम तो लगा लिए हैं लेकिन अपनी उच्च जाति का जातिसूचक शब्द भी चिपका रखा है। क्योंकि भारतीय समाज में अभी भी उच्च जाति को कैश किया जा सकता है इसलिए मेरा मानना है कि हिन्दी में साहित्यकार तो अनेक हैं, कवि अनेक हैं, श्रेष्ठ हैं, श्रेष्ठतम हैं, लेकिन वे पहले ठाकुर हैं, ब्राह्मण हैं, गुप्ता हैं, परमार हैं, चमार हैं, बाद में साहित्यकार हैं। हिन्दी साहित्य की यही तो पीर है कि यहाँ साहित्यकार, कवि तो अंसख्य हैं मगर न कोई प्रेमचंद है, न कोई नानक है। और न कोई कबीर है।

मैंने प्रसंगवश इस पुस्तक की भूमिका इसलिए लिखी कि प्रस्तुत काव्य संग्रह **नई राहों पर** की रचनाकार श्रीमती श्यामासिंह मेरी परिभाषा के खांचे में कुछ हद तक ठीक बैठती हैं। मैं इन्हें पिछले दो वर्षों से जानता हूँ। बिल्कुल निर्भीकता, बिना लागलपेट के साथ अपनी बात रखते हुए जैसा लिखती हैं, वैसी ही दिखती हैं। यही साहित्यकार की पहली पहचान है। मैंने इनके काव्य संग्रह को पढ़ा है। इनकी रचनाएँ अछांदस हैं और फिर कविता को किसी बन्धन में बाँधा भी नहीं जा सकता। जब-जब इसके छन्द को बन्धन में बाँधने की कोशिश हुई है। तब-तब खुल गये छन्द के बन्ध, रजत के प्रातपाश के रचनाकार पैदा हो गये हैं और फिर बन्धन (छन्द) में सटीक अभिव्यक्ति हो ही नहीं पाती।

कविता अपनी बात को विशिष्ट ढंग से प्रस्तुत करने की एक शैली का नाम

है। वाल्मीकि के मुख से जब यह काव्य पंक्तियाँ प्रस्फुटित हुईं–

मा निषाद प्रतिष्ठाम त्वमगमः शाश्वतीस्मः
यत्क्रौंच मिथुनादेकम् काम मोहितमवधी

तो वाल्मीकि ने मात्राएँ व वर्ण गिनगिन कर यह पंक्तियाँ नहीं कहीं थीं यह तो बाद के काव्यशास्त्रियों ने गणना करके इसे अनुष्टुप छन्द बना डाला। गीत, कविता और नृत्य कभी भी बन्धन में नहीं बँधे।

नृत्य में भी खुशी में आदमी झूमने लगा। उसने गिनगिन कर पग और हाथ की मुद्राएँ नहीं बनाईं। इस संग्रह की सभी रचनाएँ प्रस्फुटित लगती हैं, वैचारिक हैं शिल्प की दृष्टि से ज्यादा कसी हुई दिखाई नहीं देती जैसाकि ऊपर की पंक्तियों में कहा गया है कि हिन्दी के साहित्यकार पहले परमार हैं, चमार हैं बाद में साहित्यकार हैं। कवयित्री की **आदमी** कविता इस तथ्य को पुष्ट करती है–

बदलता बयान न हुआ आदमी
और बेईमान हुआ आदमी
जात-पाँत बन गयी फिर पहचान
शर्मशार और हुआ आदमी।

नारी ही नारी की पीड़ा को अच्छी तरह से जान सकती है और अगर नारी रचनाकार हो तो उसे बखूबी व्यक्त कर सकती है। **नारी शोषण : दो सत्य** दो शब्द चित्र दृष्टव्य हैं–

नारी के भविष्य के बारे में
उन्होंने बहुत बेहतर सोचा
सबसे ज्यादा
उसी को नोचा खसोटा

तथा

वातानुकूलित कक्ष की कुर्सी पर बैठे
लोगों को ही अक्सर
सताती है नारी के शोषण की चिन्ता
क्योंकि आखिरकार
वहीं होते हैं उस शोषण के पिता ।

साहित्यकार का प्रथम धर्म मानवता है। **कसौटी** कविता में कवयित्री इस बात का सन्देश देती है–

भूलकर कि कौन कैसा है
सबको अपनाएँ, गले लगाएँ,
इंसानियत समझें, इंसान कहलाएँ

साहित्यकार का धर्म मानवता है और कर्म पूजा, **कर्म वंदन** कविता इस तथ्य को उकेरती है–

आग में तपकर ही
बनता है सोना कुन्दन
निहारना छोड़ो
अब करो कर्म वन्दन।

एक बहुत ही अच्छे दोहेकार ने यह दोहा लिखा है–

जीवन जीना कठिन है, विष पीना आसान
इंसां बन कर देख लो, हे शंकर भगवान।

इसी तरह का भाव उन्होंने नारियों के संदर्भ में **जो मिले खुदा** नामक कविता में व्यंग्य करते हुए खुदा से कहा है कि तू खुदा जरूर बन गया एक बार महिला बन कर देख–

चूल्हा जला, खाना पका,
राशन भी ला, बरतन रगड़
x x x
सभी परीक्षाओं से भी
अब तू गुजर
आसां नहीं अल्लामियाँ
मेरी जिन्दगी इसे सलाम कर

तथा

आगे इन्तजार कविता में वे इस बात को और आगे बढ़ाते हुए कहती हैं–

मन पर मनों जिम्मेदारियाँ
और सपनों के टूटे टुकड़ों की किरचें
कहीं भीतर चुभती रहीं
वों इन्तजार करती रही
भविष्य की खुशियों का

साहित्य साहित्य के लिए और साहित्य जीवन के लिए दो तरह के सिंद्धान्त हैं। कविता/साहित्य/कला के क्षेत्र में। सच्चा साहित्यकार समाजसापेक्ष ही लिखता है। वह आसपास के परिवेश से बचकर नहीं निकल सकता। **देश** कविता में आम आदमी की पीड़ा को देश के माध्यम से रूपायन किया गया है–

देश नहीं है/किसी नेता की स्टेज
जिसकी छाती पर चलकर/वो धड़ल्ले से बैठ जाए

X X X

असलियत में/वो तो है बस/एक आधी रोटी और दो घूँट पानी/टूटा सा छप्पर/और धोती फटी पुरानी/चाय सुड़कता एक आदमी/ जो कर्ज से लदा है /डिग्री लेकर हर चेहरा/ जो दफ्तरों तक पिदा है। कबीरदास शोषकों को लताड़ते हुए कहते हैं–

माटी कहे कुम्हार ते, तू क्यों रूँदै मोय
इक दिन ऐसा आएगा, मैं रूँदुंगी तोय।

कवयित्री ने **मेरा वजूद** कविता में इस तरह का भाव उकेरा है–

मैं घास हूँ, हरी घास/अपने पैरों तले/कितनी देर रख सकोगे/तुम्हारे हटते ही/मैं सिर उठाऊँगी/फिर जिन्दा हो जाऊँगी।

आज आरक्षण को लेकर बड़ा झमेला है, वाद है प्रतिवाद है एक तरफ तो आरक्षित वर्ग के लोगों को अस्पृश्य मानते हैं दूसरी तरफ आरक्षण भी माँगते हैं। **आरक्षित** कविता में पीछे वाले लोगों के समर्थन में कवयित्री खड़ी होती दिखाई पड़ती हैं।

उन्हें शक है/कि अगर पीछे वाले आगे बढ़ जाएँगे
तो उनके हक हमें/लौटाने पड़ जाएँगे
नये/प्रतिमानों का भी प्रयोग कवयित्री ने किया है–

मोमबत्ती कविता में मोम है जनता/बत्ती है शासक/पर शासक भूल जाता है/कि बत्ती/मोम की तरह/धीरे धीरे नहीं पिघलती तो क्या/लम्बे समय बाद/पूरी तरह समाप्त हो जाती है/जबकि मोम पिघलकर भी/दोबारा काम आता है/नयी मोमबत्ती बनाता है।

कुल मिलाकर इस संग्रह की अधिकांश रचनाएँ वैचारिक हैं। यह काव्य संग्रह, अतिशयोक्ति से बहुत दूर है यथार्थ का सच्चा दस्तावेज है।

जो गुजर गया/उसकी पुण्य तिथि पर/कैसी शोक सभाएँ/आओ मिलकर/सरकारी छुट्टी मनाएँ।

दीपावली को शोषकों का प्रतीक मानते हुए कवयित्री कहती है– बन्धु/अभी उस झोंपड़ी की राख बाकी है/जो पिछली बार/रॉकेट से जली/अब फिर आ रही है/अमीरजादी दीपावली।

काव्य संग्रह की भाषा आम जनता की भाषा है। आम पढ़े-लिखे व्यक्ति तक यह कविताएँ पहुँचेंगी। पिदा, किरचें जैसे बहुत से देशज शब्दों का प्रयोग मिलता है। शैली बहुत सरल है। कुछ रचनाएँ ग़ज़ल की शेप में लिखी गयी है चूँकि ग़ज़ल के मीटर/पैमाने को पूरा नहीं करती है, इसलिए उन्हें रचना कहना ही उचित समझा है कवयित्री ने। काफी भाव प्रवण हैं ये रचनाएँ।

श्रीमती श्यामासिंह की यह पहली कृति है। कुछ रचनाएँ तो काफी उत्कृष्ट हैं कुछ अभी भी शैशवावस्था में लगती हैं। कुछ मिलाकर यह काव्य संग्रह वैचारिक होने के कारण पठनीय है। आमजन इसे पढ़ेगा, सराहेगा। हिन्दी काव्य जगत में इसका स्वागत होगा।

मेरी बहुत-बहुत शुभकामनाएँ।

मजदूर दिवस-2011 **डॉ. माणिक मृगेश**

मृगेशायन
22 बी मनोरथ सोसाइटी
न्यू समा रोड, वडोदरा 8

आत्म कथन

अनुभव हर किसी को होता है, पर अनुभूति किसी-किसी को। शायद इसीलिए हर उम्रदराज व्यक्ति अनुभवी तो बन जाता है परन्तु उसकी अनुभूति व्यष्टि से समष्टि की ओर नहीं बढ़ती। अनुभूति आत्मा को मिला ईश्वर का वरदान है और जब उसे लेखनी का सहारा मिल जाए, तो यकीनन यह उस असीम की अनुकम्पा और आशीर्वाद ही हो सकता है।

कविता की शुरुआत, मेरे लिए, अपने व्यक्तित्व की मौन अभिव्यक्ति से हुई। चुप रहना, मेरी शान्त प्रकृति जरूर हो सकती थी, पर आवश्यक मुद्दों पर चुप्पी सांधना, मुझे कभी स्वीकार न तब हुआ और न अब है, न ही शायद कभी होगा। हर स्त्री या पुरुष पहले एक व्यक्ति है, अन्य सभी भूमिकाएँ उसके बाद आती है इसलिए उसकी व्यक्तिगत सोच, व्यक्तिगत दृष्टिकोण, उसके होने की पहचान है, इसे उससे छीना नहीं जा सकता।

मेरी कविताओं के मुखरित स्वर यदि पाठकों की सोच और चुप्पी को तनिक भी मुखरित कर पाएँ, तो शायद मेरा लिखना सार्थक हो जाए।

'सर्वाधिक विशेष है...।
उन शब्दों को आवाज देना।
इन्हें चाहिए एक आवाज,
जो मनुष्य की अंतरात्मा को हिला दे,
सोये विवेक को जगा दे,
अंतर्मन को थर्रा दे,
और,
निर्माण हो एक नये युग का'

मैं हृदय से आभार व्यक्त करती हूँ– श्री माणिक मृगेश जी का, जिन्होंने न सिर्फ रचनाएँ पढ़कर मुझे प्रोत्साहन दिया बल्कि काव्य-संग्रह की प्रस्तावना लिखने की भी सहर्ष स्वीकृति दी।

साहित्य एवं कविताओं को समझने वाले विद्वान प्राचार्यों– श्री ए. के सिन्हा तथा श्री एन. के. सिन्हा जी की भी मैं आभारी हूँ जिन्होंने समय-समय पर लेखन के प्रति मेरा मनोबल बढ़ाया है तथा हमेशा शुभकामनाएँ दी हैं।

अपने हिन्दी विषय के सहकर्मियों तथा अन्य साहित्य-प्रेमी सहजनों का भी मैं शुक्रिया अदा करती हूँ, जिन्होंने प्रत्यक्ष तथा अप्रत्यक्ष रूप से हमेशा मेरी हौसला-अफ़जाई की, मेरी रचनात्मकता को सराहा। मैं डॉ. राखी सिंह तथा अंजलि मिश्रा के सुझावों तथा शुभकामनाओं के लिए उन्हें धन्यवाद देती हूँ।

और अन्त में मेरे जन्मदाता-कर्मठता के प्रतीक श्री राजपाल सिंह, बच्चों के लिए अपने सभी सुख अर्पित कर देने वाली मेरी माता श्रीमती लौंगश्री, जीवनपथ में मेरे सहयात्री मेरे पति-उदय तथा मेरी अमूल्य निधियाँ मेरे पुत्र–सुमित और संचित– यदि ये सब मेरे साथ न होते तो भला कैसे चल पाती मैं– नई राहों पर!

आप सभी को सादर समर्पित है– मेरा यह प्रथम काव्य-संग्रह।

–श्यामा

क्रम

मेरा वजूद

मैं घास हूँ, हरी घास,
अपने पैरों तले
कितनी देर रख सकोगे
तुम्हारे हटते ही
मैं सिर उठाऊँगी
फिर जिन्दा हो जाऊँगी–
    कि घास कभी मरती नहीं!
तुम फिर पैंतरा बदलोगे
जलाना चाहोगे मुझे
पर जला नहीं सकोगे
कि अभी हरी हूँ मैं–
हरी घास कभी जलती नहीं !
फिर तुम उठाओगे हथियार
जड़ से उखाड़ फेंकने को मुझे
और मिट्टी समेत उखाड़ दोगे
पर मैं,
    मैं स्थान बदल दूँगी
    मैं जिंदा रहूँगी–।
        कि जड़ें कभी उखड़ती नहीं !
        कि घास कभी मरती नहीं,
        मैं घास हूँ हरी घास !

दीवार से आसमान तक

ज्ञान की अदम्य लालसा
मुझे ले जाती है
पुस्तकालय तक
पुस्तकों के बीच
और जब तृप्त होकर
सिर उठाए—
    मैं बाहर निकलती हूँ
    कुछ कर गुजरने का विचार लेकर
    तो दूर तलक एक भीड़
    अँधेरे में छटपटाती नज़र आती है,
    मैं चाहती हूँ उन तक
    रोशनी की लक़ीर पहुँचाना
पर वे,
    बिना दरो-दीवार छोड़े
    खुले आसमान तक जाना चाहते हैं
ऐसे में,
    मेरी हर-सम्भव कोशिश
    उन्हें डगमगाने की अपेक्षा
    मुझे अधर में कर जाती है!
और—
मेरे दिमाग़ में
फड़फड़ाने लगते हैं
असंख्य पुस्तकों के—
                पन्ने-दर-पन्ने!

अपरिभाषित

रचना के उन क्षणों में
जब मैं
अपने आप को असहाय पाती हूँ
सैकड़ों शब्द आने लगते हैं
कि मेरे एहसास को
सरेआम लाकर खड़ा कर दें
बीच सड़क पर
जहाँ लोगों को रास्ता चलते
पत्थर फेंकने की आदत हो गयी है!

मैं गुज़रती जाती हूँ
उन सभी राहों से
जानती हूँ ज़ख्म सहने का रास्ता
वक़्त की मंज़िल पर पहुँचता है
वक़्त मेरा दोस्त है
और पत्थर मेरी गति,
और ऐसे में ही
मेरे पाँवों की थकान
महसूस करते हैं रास्ते, मैं नहीं!

मैं जानती हूँ कि
न राहें मेरी हैं, न मंज़िल
मेरे पास केवल पाँव हैं
जिनके चलने से मैं चलती हूँ

और जिनके रुकने से
मेरा अस्तित्व ठहर जाता है
मेरे लिए सिर्फ़
यह ठहराव मौत है!
और बाकी सब कुछ
हर चीज़, हर पल, हर लम्हा—
ज़िन्दगी है,
जिसकी परिभाषा मैं नहीं जानती!

मैं ‘जनता’ नहीं

उन्हें कोई फ़र्क़ नहीं पड़ता
वे जब चाहते हैं
अपने स्वार्थों के लिए
‘अहिंसा’ का ‘अ’ हटाकर
‘सत्य’ के आगे लगा देते हैं,
क्योंकि उनके लिए सत्य और अहिंसा
जनता को बहलाने के सिद्धान्त मात्र हैं
क्योंकि उनके लिए जनता बेवकूफ़ है
जिसे आँखें मींचकर देखने की आदत है।
और हम,
हम सुलगती हिंसा में
अपने प्रियजनों को खोकर भी
सोचते हैं तो व्यक्तिगत रूप से,
खुद को अलगाकर
फिर से जनता को ‘बेवकूफ़’ कहने लगते हैं
हरेक अलग-अलग सोचता है कि–
“जनता ये क्यों नहीं करती....”
कब आएगा वो वक़्त
जब हम एक-दूसरे को बेवकूफ़ कहना छोड़ेंगे??

आरक्षित

यकीनन वे इक्कीसवीं सदी में जा रहे हैं,
पर अपने साथ,
सिर्फ़ कुछ को ही ले जा रहे हैं,
बाकी को तो धकियाकर,
और पीछे करते जा रहे हैं।
उन्हें शक है,
कि अगर पीछे वाले आगे बढ़ जाएँगे,
तो उनके हक हमें
लौटाने पड़ जाएँगे।
खतरे की कोई गुंजाइश नहीं
ऊपर वाले बड़े सुरक्षित हैं,
इक्कीसवीं सदी के डिब्बे में
उनके स्थान तो
पहले ही से 'आरक्षित' हैं!

मोमबत्ती

व्यवस्था क्या है– मोमबत्ती है
मोम है जनता
बत्ती है शासक!
पर शासक भूल जाता है
कि बत्ती,
मोम की तरह
धीरे-धीरे नहीं पिघलती तो क्या,
लम्बे समय बाद
पूरी तरह समाप्त हो जाती है
जबकि,
मोम पिघलकर भी
दुबारा काम आता है
नई 'मोमबत्ती' बनाता है।

सरकार

वो वोट माँग रहे हैं?
सोचिए मत, दे दीजिए।
वोट भी तो सरकारी है!
फिर कहीं वो मंत्री बन बैठे तो,
शायद वोटलिस्ट से
आपका नाम ही गायब हो जाए।
ज्यादा जागरूक हुए तो
सरकारी नौकरी भी हाथ से जाएगी,
पर फिर भी,
हर वर्ष वोट पाकर,
सरों को कुचलती व्यवस्था
'सरकार' ज़रूर बनाएगी।

जाने-पहचाने

मेरे पीछे हैं
कुछ जाने-पहचाने चेहरों के क़दम
और मैं
तमतमाए चेहरे को लेकर
दाँत भींचकर
मुट्ठियाँ बन्द कर
आक्रोश में चल पड़ी हूँ
कुछ तहस-नहस करने।
    तभी सामने आ जाता है
    भयानक-सा बेहद डरावना, कोई आदमी,
    मुट्ठियों की पकड़
    ढीली क्यों होने लगी?
शायद मेरे पीछे वाले
मेरे जाने-पहचाने चेहरों की परछाइयाँ
काँपने लगी हैं
उस डरावनी शक्ल में!
सबके चेहरों पर है कुटिल मुस्कान!
मेरे दाँतों ने चबा डाले हैं
मेरे ही होंठ
और स्याह होकर
लटक गया है मेरा चेहरा
मेरे ही कन्धे पर।

परम अभिव्यक्ति

किसी की भी नहीं
और सबकी भी
वह परम अभिव्यक्ति,
जो लगातार जग में घूमा करती है
ठिठककर हर बार ठहर जाती है
मेरे पास!
क्योंकि मुक्ति का वही बोध
मैं भी करना चाहती हूँ अपने भीतर
जो हर क्षण, हर स्थिति में,
ज़िन्दगी का एहसास होता है!
    लेकिन मैं देख रही हूँ
    कब से लगातार
    जी रहे हैं वे सब भी
    जो न किसी अभिव्यक्ति को महसूसते हैं
    न जिनमें चाह है व्यक्त होने की
    रत्ती-भर!
मुझे नहीं लगता
कि जीने के लिए
साल-दर-साल
सपाटे से दौड़कर, खाकर, सोकर,
और
डिग्री हासिल कर
काम चलाया जा सकता है,
या कि खुद ही न्याय कर अपना
बैठा जा सकता है मनचाहे पलड़े में!

जब आस-पास यूँ ही
जीते चले जाते हैं चेहरे,
तो कहीं भीतर
पैदा होती है हिंसा
आने लगती है तब
चेहरों से सड़ाँध और बुसने की गन्ध!
वितृष्णा से पैदा हुआ
आक्रोश का छोटा-सा टुकड़ा,
नालायक औलाद-सा
तब चुभाता है
दसों नाखून एक-साथ,
चीर-चीर कर देता है
मेरी हर अभिव्यक्ति!
पर उन खरोंचों की टीस भी
मुझे लगातार कराये रहती है
ज़िन्दा होने का एहसास।
इससे अधिक परम अभिव्यक्ति
—मैं चाहती भी नहीं!

देश

देश नहीं है
कुछ ऊँचे-बड़े-छोटे कवियों का कवि-सम्मेलन,
न ही है
दूरदर्शन पर झूमते-नाचते सितारों का मिलन,
देश नहीं है
किसी नेता की स्टेज
जिसकी छाती पर चलकर
वो धड़ल्ले से बैठ जाए !
देश नहीं गोष्ठियाँ,
न बार-बार कमेटी पर बैठती कमेटियाँ!
असलियत में
वो तो है बस
एक-आधी रोटी, और दो घूँट पानी,
टूटा-सा छप्पर,
और धोती फटी-पुरानी,
चाय सुड़कता एक आदमी
जो कर्ज़ से लदा है,
डिग्री लेकर हर चेहरा
जो दफ़्तरों तक पिदा है,
हाँ,
यही सब जानते हैं
देश की परिभाषाएँ,
इनके लिए नहीं हैं
कहीं कोई आशाएँ,
ये देशभक्ति के नारों का

मतलब नहीं जानते,
ये समाज-सेवा का कोई
राग नहीं अलापते,
ये जानते हैं,
इनके लिए देश है बस—
दो जून की रोटी,
बहन-बेटी का ब्याहना,
चीथड़ों से झाँकती
इज्जत को ढाँकना,
दस रुपये दिहाड़ी लेकर आना,
और बीमार बच्चे को थपककर सुलाना।
नेता-अभिनेता देश नहीं हैं!
सम्मलेन—कमेटियाँ देश नहीं हैं !!

चाहो तो

तुम क्यों कहते हो कि ये
धरा उठे, धरा उठे,
आसमां को क्यों नहीं
नीचे झुकाना चाहते।
भूलते हो तुम कि ये
रिश्तों से भी बँधी है,
हरेक मन की पीड़ा
इसने सदियों से सही है,
जब चाहा जिसने
इसके रूप को बदल दिया,
फिर भी इसने विष पिया
पर बाँटकर अमृत दिया।
आसमां को क्या पता
रिश्ता है क्या और बोझ क्या,
आसमां तो शून्य है
भावहीन और भारहीन
महसूस हो तो कैसे
इसे धरा का ये भार,
कि ये तो सदा से ही
रहा है सिर्फ़ कल्पनाधार!
फिर भी ग़र ये चाहता है
धरा को ऊपर उठाना,
तो बाँट ले फिर बोझ सिर से
सीख ले सिर को झुकाना।

इन्तज़ार

नन्हें से क़दमों से
रास्ता तय करते
कन्धे पर बोझ लादे
वो इन्तज़ार करती रही
अपने बड़े होने का।
चौका– बर्तन घिसते
सँभालते कपड़ों को,
घर-भर की सफ़ाई,
और मारते मन से
'पराये घर जाना है'
की लय पर सजाते सपने कई
वो इन्तज़ार करती रही
'अपने' घर जाने का।
उम्र के गुज़रते साल
पिता का बुरा हाल
तंग हाथ, नाकामियत की खीझ,
और माँ के तानों के
सुलगते– से सलाख
दाग़ते रहे धीमे-धीमे।
एक दिन आ ही गई वो डोली चढ़कर
पिया के द्वार, सपनों के संसार,
वो इन्तज़ार करती रही,
सपनों के साकार होने का।
वो सोचती
अब उसकी हो गई ज़िन्दगी

मनचाहा ढंग, मनचाहे रंग!
        पर रंगों पर पुती थी
        बर्तनों की कालिख,
        मन पर मनों ज़िम्मेदारियाँ।
        और सपनों के टूटे टुकड़ों की किरचें
        कहीं भीतर चुभती रहीं,
        वो इन्तज़ार करती रहीं
        भविष्य की खुशियों का ।
बच्चे बड़े होने लगे,
अपने ही ढंग से जुड़ गये सारे
पति का काम, बच्चों के नाम
गुज़रती गयी ज़िन्दगी तमाम।
        भर सकी न रंग, एक भी चित्र में
        न सुर सजे, न रचे शब्द,
        वो इन्तज़ार करती रही– मौत के आने का,
        या क्या मालूम
        कि मौत के जाने का!
तमाम उम्र, पल-पल मरती ही तो रही थी वो!
किसी की बेटी, किसी की बहू,
किसी की पत्नी, किसी की माँ थी वो!

परिपक्वता

जब खिलखिलाती हँसी
सिमट जाती है दबी-सी मुस्कुराहटों में,
हम बड़े हो जाते है!
जब सीधी-सच्ची बातें
ढूँढने लगती हैं शब्दों के खोल,
हम बड़े हो जाते हैं!
जब हास-परिहास के पीछे से
निकलने लगते है व्यंग्यों के तीर
हम बड़े हो जाते हैं!
जब आँसू जज़्ब हो जाते हैं आँखों में
और रोने को कन्धे नहीं मिलते,
हम बड़े हो जाते हैं!

मैं

मैं—मैं और मेरी परिस्थितियाँ हैं।
    परिस्थितियाँ न हों
    तो मैं हद से गुज़र जाऊँ
    जाने क्या-क्या काम कर जाऊँ
    कुछ सही, कुछ ग़लत,
    तभी तो परिस्थितियों का बाँध है मेरी सीमा पर,
और,
    इसी के साथ जुड़कर,
    मैं—मैं हूँ।

सार्थकता

विशेष विचार नहीं– शब्द हैं,
शब्द नहीं– अर्थ,
अर्थ नहीं, कुछ भी नहीं,
सर्वाधिक विशेष है–
उन शब्दों को आवाज़ देना।
इन्हें चाहिए, एक आवाज़,
जो मनुष्य की अंतरात्मा को हिला दे,
सोये विवेक को जगा दे,
अन्तर्मन के थर्रा दे,
और,
निर्माण हो एक नये युग का!
आओ,
इन गूँगे शब्दों को ध्वनि दो,
आवाज़ दो, सार्थक करो,
इन्हें तुम्हारी ज़रूरत है,
हाँ, तुम सबकी!

वन का कानून

वही वन का-सा कानून है हर कहीं,
शक्ति के आगे
हरेक की हार है,
    दायरा बड़ा हो या छोटा,
    राष्ट्र हो या राज्य,
    सभा हो या समिति,
    सब कुछ बेकार है,
    सबल की जयकार है।
मुझे शक होता है–
    दुनिया का नाम पहले
    'वनस्थली' तो नहीं थी।

हमारे त्योहार : पाँच क्षणिकाएँ

गणतन्त्र

गण से
दूर भागने लगा है तन्त्र
इसलिए मिलने को
दिन चुना है– 'गणतन्त्र'!

स्वतन्त्रता दिवस

हमने प्यार से
स्वतः ही सौंपे हैं उन्हें
तीर और तरकस
इसलिए वो भी प्यार से
मानते हैं।
'अपना' स्वतन्त्रता-दिवस।

होली

दुश्मनी निकालिएगा
बना करके टोली
अपने देश में
दुबारा आ रही है 'होली'!

दीपावली

बन्धु,
अभी उस झोंपड़ी की राख बाकी है
जो पिछली बार

रॉकेट से जली,
अब फिर आ रही है
अमीरज़ादी 'दीपावली'!

सरकारी छुट्टी

जो गुज़र गया
उसकी पुण्य-तिथि पर
कैसी शोक-सभाएँ?
आओ, मिलकर,
'सरकारी-छुट्टी' मनाएँ।

नारी शोषण : दो सत्य

(1)

नारी के भविष्य के बारे में
उन्होंने बहुत बेहतर सोचा,
सबसे ज्यादा
उसी को नोचा-खसोटा!

(2)

वातानुकूलित कक्ष की कुर्सी पर बैठे
लोगों को ही अक्सर
सताती है नारी के शोषण की चिन्ता,
क्योंकि आखिरकार
वही होते हैं उस शोषण के पिता!

समझे कौन

खुदा को पाने के तरीके बहुत देखे,
इंसानों का पता
कहीं भी न पाया।
लोगों की भीड़ तो मीलों तलक थी
एक अदद इंसां भी
नजर नहीं आया।
चाँद क्या खुदा तक तो
पहुँच गया आदमी
मगर सिर्फ़ अपने को
समझ नहीं पाया।
सुनने और सुनाने का
रिश्ता बस बाकी है,
कौन समझ-सोच कर
वक्त करे ज़ाया।

कर्मवन्दन

मन कहता था
कि़ न छोड़ें कभी
नरम, कोमल, मृदु स्वभाव,
बने हैं सरल, फैलायें मुस्कान,
इसी रूप में बनाए रखें अपनी पहचान।
    पर इक रोज़
    जब देखा हमने सुबह के सूरज का रूप सलोना
    कोमल, सुहानी धूप का वह बिछौना,
    मन ने कहा, काश! सूरज ऐसा ही गोल लाल,
    सुन्दर रहे सदा,
    हम निहारा करें इसे यूँ ही हमेशा।
अचानक लगा, कि सूर्य ने भी दिया हो जवाब,
और कहा हो– ग़लत कह रही हैं आप,
यदि मैं रुक जाऊँ टिक जाऊँ,
अपने कोमल, मृदुल, सुन्दर रूप के साथ
तो जानती हैं क्या होगा?
    न उगेंगी फसलें, न बढ़ेंगे पौधे, न बरसेंगे बादल,
    मेरा उग्र रूप, प्रचंड प्रकाशित रूप ही
    मेरे होने का अर्थ है
    क्योंकि वही मेरी सामर्थ्य है।
रूप से बढ़कर है-- कर्तव्य की निष्ठा!
अपने होने को करना है सार्थक
तो अपने मृदुल रूप को छोड़ना ही पड़ता है,

इस प्रक्रिया में भले ही लोग हों परेशान या नाराज़
पर इसी से आगे बढ़ता है समाज।

आग में तपकर ही
बनता है सोना कुन्दन,
निहारना छोड़ो,
अब करो कर्म-वन्दन!

कसौटी

भले ही जानते हों
सारी नीतियाँ, रीतियाँ, कसौटियाँ,
इन्सान को परखने की आप,
हर किसी को परखकर
बन जाएँ कितने ही चतुर-सुजान,
परखकर कितनों को अपना बना पाएँगे आप?
बढ़ती जाएँगी दूरियाँ,
आप रह जाएँगे बनकर, सिर्फ़ एक आईना,
जिसमें लोग झाँकते तो हैं,
पर एक पल के लिए,
और आगे बढ़ जाते हैं।
क्योंकि हर इन्सान है अपने-आप में अलग,
वो है, जो बना है अपनी परिस्थितियों से जुड़कर,
हरेक की कसौटी है अलग,
नीति है अलग, रीति है अलग।
इसलिए,
दूर रहकर
चेहरे पढ़ने की कोशिश से बेहतर है
कि पास आएँ,
भूलकर, कि कौन कैसा है,
सबको अपनाएँ, गले लगाएँ,
इन्सानियत समझें, इन्सान कहलाएँ।

पहचान

ख़िज़ाओं का मौसम हो
कि बहारों का समां हो,
वुजूद में सिमटा हो
न चेहरे पर बयां हो।
चेहरे पर से पढ़ लेते हैं अलफ़ाज़ हज़ारों चेहरे,
अलग-अलग अन्दाज़ में करते हैं फिर दास्ताने-बयां,
कभी सिमट जाती हैं बहारें और भी चेहरों की,
कभी हर सिम्त बिखर जाती है चेहरों पे ख़िज़ां।
चेहरे, अपने होकर भी, अपने नहीं होते,
कभी लब बन के मुस्काएँ, कभी आँखों से हैं रोते,
कभी हल्की उदासी की लकीरें ले के ग़मगीं हों,
उम्रभर यूँ ही साथ चलते हैं पहचान को ढोते।

मुस्कुराहटें

मुस्कुराहटें होती हैं क्या
जाँचो, देखो, परखो, जानो,
वक्त पड़े, इनको पहचाने।

कुछ होती हैं भोली, निश्छल
मन के दर्पण को चमकाएँ
इन्द्रधनुष के सात रंग-सी
मुखड़े पर आकर छा जाएँ।

कुछ में ग़म के छिपे ख़ज़ाने
जाने कितने राज़ पुराने
राज़ छलक न जाएँ बाहर
ताले-सी चिपकी हैं लब पर।

कुछ है वक्र, तनी-सी, टेढ़ी,
अन्दर तक आहत कर डालें
सहते हैं पर कुछ न कहते
कहने को ये भी मुस्कानें।

मुस्कुराहटें भाँति-भाँति की
जाँचो, देखो, परखो, जानो,
वक़्त पड़े, इनको पहचानो।

जीना जानो

मन की शक्ति को पहचानो,
काम नहीं कोई कठिन; ये मानो,
मंज़िल खुद ही मिल जाती है
राहों पर चलने की ठानो।
    सरल तभी मुश्किल होती है
    जब होकर गुज़रो मुश्किल से,
    डर कर करो न सौ-सौ बहाने
    डट मैदां में सीना तानो।
सभी काम, न आएँ सभी को,
न आये जो करना सीखो,
काम बहुत हैं, जीवन छोटा,
अनुभव करके, जीना जानो।

ऐसे जियो

खुलकर जियो!
खिलकर जियो!
मिलकर जियो!
खुलो कि आसमां बनो,
विस्तृत हो, छा जाओ जहां में।
खिलो कि फूलों की तरह
खुशबू बन, समा जाओ आत्मा में।
मिलो मुस्कान बन सबसे,
मुस्कुराहटें लिख जाओ, अपनी दास्तां में।

जो मिले खुदा

जो मिले खुदा
तो मैं एक दिन की
ये जिन्दगी उधार दूँ,
उँगली पकड़, ले जाऊँ घर,
कई बोझ सिर पे मैं डाल दूँ।
    कहूँ अब तू जी,
    कहूँ अब तू मर,
    बच्चे सँभाल,
    और सँभाल घर।
चूल्हा जला,
खाना पका,
राशन भी ला,
बरतन रगड़।
    और शर्त इस पे
    ये भी है—
    जो भी आये
    मिल के तू मुस्कुरा,
    हों पास के या दूर के
    जितने भी हैं रिश्ते निभा।
क्या हुनर है तुझमें
तू ये बता
तुझे नौकरी
कोई मिलेगी क्या?
चल दाखिला ले
और पढ़,
सभी परीक्षाओं से भी

अब तू गुज़र।
आसां नहीं अल्ला मियाँ
मेरी ज़िन्दगी
इसे सलाम कर,
इसे एक दिन भी
जो जी ले तू
सदियों करेगा न रुख़ इधर
सदियों करेगा न रुख़ इधर।

सुनो-सुनाओ

जो कहते हैं कुछ सुनाइए, फरमाइए,
लगता है हमें
कि हम पर करम फ़रमाते हैं
बोलने की इतनी आदत है
आजकल लोगों को
कि सुनने वाले
फरिश्तों-से नज़र आते हैं।
    सुनने की गुंज़ाइश
    रिश्तों में भी बाक़ी कहाँ
    ढूँढ़े से नहीं मिलती ये
    अपनों में, बेगानों में,
    'सुनना' एक पेशा बन गया है
    'काउंसलिंग' के नामों में।
'बोलने' को जन्मसिद्ध अधिकार
मान बैठे हैं लोग।
और सुनना?
शायद भूल ही बैठे हैं हम कि
'जन्म' लेना अलग बात है
पर 'सिद्ध' होने के लिए
'सुनना' ही है एकमात्र राह।
माँ सुनती है बच्चे का रोना, गाना, हँसना,
उसके सारे गि़ले-शिकवे,
ईश्वर सुनते हैं सबकी प्रार्थनाएँ,
सबकी गालियाँ, सबकी शिकायतें,
तभी वो दर्ज़ा पाते हैं सबसे ऊँचा,

जिस दिन बोल उठा ईश्वर–
उस दिन इन्सान उसके पास जाने से घबराएगा,
दूर से ही नमस्कार करकर चलता नज़र आएगा।
    इसलिए बेहतर यही है कि
    बोलें भले ही कम
    पर सुनने की आदत बनाएँ
    कभी-कभी खुद को अपनी आवाज़ भी सुनाएँ।

नियामत

सरल रेखाएँ हैं
जीवन की उन्मुक्त हँसी,
पर अक्षर बनते हैं वक्र रेखाओं से,
सरलता जी जाती है मन के अन्दर कहीं,
ज़िन्दगी गुज़रती है पर टेढ़ी-मेढ़ी राहों से।
    ज़िंदगी गुज़ारने का ज़रिया
    मस्तिष्क ही होता है,
    इन्सान मन में चाहे
    अनेकों बोझ ढोता है।
मस्तिष्क की जाँच के लिए हैं
मशीनें कई, दवाख़ाने कई,
मन के लिए न कहीं
ठौर-ठिकाना होता है।
    बस आँसू हैं, मुस्कानें हैं,
    शिकवे हैं, शिकायत है,
    ज़िन्दगी कहते हैं फिर भी
    खुदा की एक नियामत है।

लफ़्ज़ों के माने

यूँ तो अक्सर हुआ करते हैं
हर लफ़्ज़ के हज़ारों माने,
कुछ छुपा रखते हैं कहने वाले
कुछ समझ पाते हैं सुनने वाले।
    कुछ बिन कहे भी समझ लेते हैं, समझने वाले,
    कुछ को समझाने में थकते है बयां करने वाले।
फिर भी,
हर लफ़्ज़ है नया, हर शख़्स के लिए है ख़ास,
न घिसता है, न मिटता है,
न ख़त्म ही होता है कभी,
हर बार ले आता है
हर किसी के लिए नये मायने ढूँढ़!
हर रोज़ सुनते हैं हम फिर बार-बार वही लफ़्ज़,
लेकिन,
    कभी अंदाज़े-बयां है जो फ़र्क़ करता है
    कभी नजदीकियाँ-दूरियाँ तय करती हैं मायने,
    तो कभी एहसास के सागर में
    डूबते-उबरते हैं हज़ारों मायने!
दरअसल, लफ़्ज़ होकर भी, कभी एहसास हो जाता है बड़ा
तो मायने बदल जाते हैं।
वरना, कम-एहसास कब समझे हैं लफ़्ज़ों के मानी,
क्योंकि होते हैं एहसास वहाँ बेमानी।
कब आज तक बना पाया है इंसां
शब्दकोश एहसासों का,
वरना तो बेनक़ाब हो जाते सभी लफ़्ज़ों के मानी।

दोस्ती के पल

(1)

ये पल-पल गुज़रते
वक़्त के क़तरे,
कभी रूठना, कभी मनाना,
कभी ग़मजुदा, कभी मुस्कराना,
यूँ ही बेख़्याली में
चलते ही जाना,
    इन उम्र के टुकड़ों को
    सँभाल कर रखना दोस्त,
    ये जो गुज़रे, तो फिर
    लौट के न आ पाएँगे!

(2)

गले मिलना नहीं बस
धड़कनें सुनना होता है,
बहुत दिनों बाद मिलते हैं जब
पुराने दोस्त
तो चुपके-से मुँह, कान के पास जाकर,
कह आता है बातें अनकही।

जज़्बात

(1)

लफ़्ज़ों के मायने हैं
कि एक ढूँढ़िए तो मिलते हैं हज़ार,
एक एहसास हैं कमबख़्त
लफ़्ज़ों के दायरे से निकल भागते हैं हर बार।

(2)

चंद लफ़्ज़ों में जब बयां होते हैं
जज़्बात तो जानो,
दरअसल वो आँसू के समन्दर हैं
पन्नों पे सिमटे सैलाब की तरह।

(3)

उड़ जाते हैं ख़याल हज़ारों
यूँ ही रोज़ फ़िजाओं में,
वरक़ों में पाला है, पाला है
लफ़्ज़ों-भरी अदाओं में।

(4)

जब कभी रुक-से गये हैं शब्द
जुबां तक आते-आते
कि जब अभिव्यक्ति लौट-लौट जाती है,
उस एक पल, बस उसी पल
    ज़िन्दगी जी जाती है।

आदमी

बदलता बयान हुआ आदमी,
और बेईमान हुआ आदमी।
जात-पाँत बन गयी फिर पहचान,
शर्मसार और हुआ आदमी।
पढ़-लिख के जितना चाहे ऊँचा उठ गया,
बेजुबान और हुआ आदमी।
इन्सानियत के नाम पर जो लूट है,
सावधान और हुआ आदमी।
मुकाम-दर-मुकाम तो पाया किया,
बेनिशान और हुआ आदमी।

सियासत

आदमी आदमी न रहा, वोट हो गया,
कि स्वार्थ जब से सियासत की ओट हो गया।
सोने की चिड़िया विदेशों की ओर उड़ गयी,
सत्ता की नीयतों में इतना खोट हो गया।
हर धर्म दंगा बन गया अब चैन न रहा,
ये आदमी के लिए चोट हो गया।
वादा बहुत बड़ा हुआ चादर की नाप का,
क्या ओढ़े कोई धुल के वो लंगोट हो गया।
मेरी-तुम्हारी क्या बिसात जुबान खोल दें,
हर शब्द इन्सानियत की कचोट हो गया।

मेरी कैसे

खुदा कहता है मैंने मुकम्मल की है ज़िन्दगी तेरी,
मैं कहती हूँ तूने की है तो फिर मेरी कैसे?

मैं चाहती थी कि खुद ही सँवारूँ अपनी तकदीर,
अब तू ही बता बिगाड़ कर फिर बनाऊँ कैसे?

तूने मेरे ही हिस्से के दिए हैं ग़म और खुशियाँ,
मैं औरों में भी शामिल हूँ, ये समझाऊँ कैसे?

कभी मिलूँ जो तुझसे तो जरा ये पूछूँ
तूने ये मुक़ाम ज़मीं पर किया हासिल कैसे?

रोज़ लिखती हूँ मिटाती हूँ कितनी तहरीरें
तेरी थमाई हुई कलम को सँभालूँ कैसे?

निज़ाम

मंज़िलें तो जब चलो मिल ही जाती हैं मगर,
खुदा केवल राहों का हिसाब रखता है।

जो चाहो पा लो यहाँ, जो चाहो खो दो यहाँ,
वो तो बस तरीकों पे सवाल रखता है,

जितने ही चेहरे लगा लो इस चेहरे पर चाहे
अन्दर बैठा वो पैनी निगाह रखता है।

उसी के बस में है कायनात ये सारी,
फिर भी तुम्हें आज़माने का ख़्याल रखता है।

बड़ी ही सोच से दिए हैं तुम्हें ये दिलो-दिमाग़,
इन्हीं में बैठकर अपना निज़ाम रखता है।

'नई राहों पर'

ज़िन्दगी जब आसान-सी हो जाती है
क्या कहें, बड़ी मुश्किल से जी जाती है।

निकल पड़ती हूँ नई राहों पर फिर से मैं
पहचान हर बार फिर कहीं खो जाती है।

फ़लसफ़ा कोई भी तो काम है करता नहीं,
ठोकरें खाकर ही बस इंसां को अक्ल आती है।

मंज़िलें भी हैं कई और रास्ते भी अनगिनत,
अपने ही क़दमों की क़मजोरी मार जाती है।

इस जमीं से आसमां तक जाऊँ मैं जहाँ तक भी,
अपने ही दिल की सदा, साथ मेरे आती है।